ANNETTE K

GELWACHS

NEUE IDEEN FÜR KERZEN

frechverlag

SICHERHEITSHINWEISE

- Bewahren Sie das Material außerhalb der Reichweite von Kindern auf. Kinder könnten das Kerzen-Gelwachs mit Wackelpudding verwechseln.
- Erhitzen Sie das Wachs nie in einem Topf direkt auf der Herdplatte oder im Mikrowellenherd, da das Material bei Überhitzung entflammen kann (Flammpunkt: 140°C). Gelwachs wird immer im Wasserbad erhitzt.
- Lassen Sie das Wachs niemals ohne Aufsicht schmelzen.
- Kinder sollten Wachs nicht alleine schmelzen.
- Löschen Sie einen auftretenden Brand nie mit Wasser, sondern mit einem feuchten Tuch oder Sand.
- Wenn Material auf den Boden gelangt, besteht Rutschgefahr.
- Legen Sie zur Sicherheit einen feuerfesten Untersatz, z. B. aus Kork, unter das Glas, wenn die Gelwachskerze brennt.
- Benutzen Sie zum Rühren oder Mischen nur Metall- oder Kunststoffteile (Löffel etc.), aber keinen Holzlöffel.

Danken möchte ich der Firma Hobbygroß für die großzügige Bereitstellung von Materialien für dieses Buch.

Fotos: frechverlag GmbH + Co. Druck KG, 70499 Stuttgart; Fotostudio Ullrich & Co., Renningen; Fotostudio Gießler, Rothenfels am Main (Seite 7)

Auflage: 5. 4. 3. 2. | Letzte Zahlen
Jahr: 2003 2002 2001 2000 1999 | maßgebend

frechverlag GmbH + Co. Druck KG, 70499 Stuttgart
ISBN 3-7724-2544-5 · Best.-Nr. 2544
Druck: frechverlag GmbH + Co. Druck KG, 70499 Stuttgart

GELWACHS oder Kerzen-Gelwachs ist – wie der Name schon sagt – ein geleeartiges Wachs, das transparent ist. Erst durch Erhitzen im Wasserbad wird es gießfähig und ist dann hervorragend zur Herstellung von Kerzen in Glasgefäßen geeignet.

Das Gelwachs brennt rückstandsfrei und ist ungiftig. Durch seine Eigenschaften bietet es Ihnen eine völlig neue Art der Kerzengestaltung: Sie können Objekte wie z. B. getrocknete Früchte, Muscheln, Flimmer, Figuren und vieles mehr im Randbereich des Glases eingießen. Mit speziellen Farbstoffen lässt sich das Wachs sogar einfärben. Auch das Zusetzen von Düften ist problemlos möglich! So entstehen originelle und witzige Kerzen zum Verschenken oder für die eigene Wohnung.

In diesem Buch finden Sie jede Menge Gestaltungsideen und Anregungen für viele Gelwachs-Kerzen. Lassen Sie sich einfach inspirieren. Viel Spaß mit Kerzen-Gelwachs wünscht Ihnen

Annette Kunkel

MATERIAL

Das wird benötigt:

- *Gelwachs (transparent oder bereits eingefärbt)*
- *Kochtopf und Schmelzgefäß (z. B. Alutopf mit Eingussrille oder Blechdose)*
- *Thermometer*
- *Verschiedene Glasgefäße*
- *Dochte*
- *Farbstoffe*
- *Evtl. Duftstoffe*
- *Küchentuch*

Was ist Gelwachs?

Gelwachs, auch Kerzen-Gel genannt, ist ein völlig transparentes Spezialwachs auf der Basis von Kohlenwasserstoffwachsen. Es sieht aus wie Gelatine und fühlt sich auch so an. Dadurch ist das Wachs zum Eingießen in Glasgefäße geeignet, denn nur in durchsichtigen Gefäßen kommt seine Transparenz richtig zur Geltung.

Das Gel brennt fünfmal länger als normale Wachskerzen! Es ist schadstofffrei und ungiftig.

Wie wird Gelwachs geschmolzen?

Kerzen-Gelwachs kann durch Erwärmung auf 90°C - 100°C verflüssigt werden. Dies sollte in einem Wasserbad bei kochendem Wasser erfolgen. Die Gelmasse wird so langsam und schonend erwärmt und dadurch vor Überhitzung geschützt. Der Schmelzpunkt liegt normalerweise bei 90°C.

Im Handel wird auch Gelwachs angeboten, das erst bei 95°C schmilzt. Eine so hohe Temperatur kann man im Wasserbad nur schwer erreichen, sodass dieses Wachs bei 100°C im Backofen geschmolzen werden muss. Durch den

Thermostat im Backofen ist eine gleichbleibende Temperatur gewährleistet und Überhitzung wird ausgeschlossen. Im Backofen können Sie mehrere Gefäße gleichzeitig einschmelzen.
Die Schmelzdauer beträgt bei beiden Verfahren (Wasserbad und Ofen) je nach Menge der Gelmasse zwischen 20 und 40 Minuten.
Achtung: Schmelzen Sie das Gelwachs nicht in der Mikrowelle oder in einem Topf direkt auf der Herdplatte! Bei Überhitzung zersetzt sich das Material, es wird trüb und gelb und kann sich entflammen!

Wie vermeidet man Luftblasen im Gelwachs?

Gelwachs neigt bei Temperaturschwankungen und Erschütterungen zu Luftblasenbildung. Dieser Effekt kann durchaus reizvoll sein, wenn Sie z. B. Aquarien oder Getränkecocktails herstellen. Bei Einschlüssen im Wachs, die deutlich zu sehen sein sollen, können zuviel Luftblasen jedoch störend wirken.
Sie erhalten eine luftblasenfreie Masse, indem Sie das Gelwachs im Backofen schmelzen. Warten Sie auf jeden Fall solange, bis auch die letzte Luftblase verschwunden ist. Erst dann hat das Wachs die nötige Temperatur erreicht.
Gießen Sie die Schmelzmasse unbedingt in ein vorgewärmtes Glas um einen Temperaturschock zu vermeiden. Lassen Sie die Kerze nur langsam an einem warmen Ort abkühlen. Man sollte auch nicht bei Kälte in einem ungeheizten Raum arbeiten.
Doch sogar durch die Erschütterung beim Eingießen und beim Einrühren der Farb- und Duftstoffe bilden sich wieder Blasen. Sie können sie beseitigen, indem Sie die fertig gegossene Gelkerze für 20 Minuten erneut in den Backofen stellen. Solange das Wachs flüssig ist, können die Luftblasen aufsteigen und somit verschwinden.
Wollen Sie Objekte eingießen, ist dieses Verfahren jedoch nur bedingt geeignet, denn leichte Eingießteile schwimmen dabei hoch. Glasdekoartikel kann man mit der Heißklebepistole am Boden des Glases festkleben. Bei Natureinschlüssen und Farbverläufen, die in Schichten gegossen werden, lassen sich Blasen nicht ganz vermeiden.

Wie stellt man Duftkerzen aus Gelwachs her?

Gelkerzen können mit speziellen Duftstoffen oder -ölen, die man für Paraffin/Stearinkerzen verwendet, beduftet werden. Der Duftstoff wird erst kurz vor dem Gießen in das heiße Wachs gerührt. Die maximale Duftstoffzugabe beträgt 2%, also 2 ml auf 100 ml Wachs. Achtung! Wenn Sie diese Menge überschreiten, kann sich das Material eintrüben.

Welche Dochte werden verwendet?

Zur Herstellung von Gelwachskerzen sollten Sie nur dünne Dochte verwenden. Zu dicke Dochte lassen die Flammen rußen.
Ideal sind gewachste Flachdochte Nr. 3 x 8 und Nr. 3 x 10. Wenn Sie das Wachs in große Gefäße gießen möchten und die Kerze weitgehend abbrennen soll, verwenden Sie am besten mehrere Dochte. Die einfachste und bequemste Methode ist

das Einstecken des Dochtes, nachdem die Kerze ganz abgekühlt ist. Dazu erwärmen Sie eine Stricknadel im Wasserbad, stechen ein Loch in das abgekühlte, völlig erstarrte Wachs und stecken einen vorgewachsten Docht ein.
Haben Sie brennbare Zierteile am Grund des Glases eingegossen, lassen Sie den Docht ca. 1 cm oberhalb der Einschlüsse enden. Die Flamme erlischt dann, bevor sie diese Schicht erreicht.
Haben Sie Zierteile im Randbereich des Glases eingebracht, dann wählen Sie einen kleineren Docht, damit die Kerze hohl abbrennt. Die Teile bleiben dann in der verbleibenden Wachsschicht am Glasrand hängen. Ist die Kerze bis auf den Grund abgebrannt, entfernen Sie einfach den Dochtrest und gießen das Glas erneut mit Wachs auf.
Hochaktuell sind viereckige Glasgefäße. Beachten Sie dabei, dass die Flamme rund brennt; dadurch entstehen Wachsrückstände in den Ecken des Glases. Solche Rückstände lassen sich entfernen, indem Sie das Wachs im Wasserbad wieder einschmelzen.
Beim Löschen der Flamme entsteht an der Spitze des Dochtes ein Rußknöllchen. Dieses sollte abgeschnitten werden, bevor Sie die Kerze erneut anzünden.
Manche Dochte brennen nur in einer Richtung, beachten Sie hierfür die rot markierte Spitze.

SCHRITT FÜR SCHRITT ERKLÄRT

So wird's gemacht:

Ideal zum Wachsschmelzen ist ein Gefäß aus Aluminium oder Blech mit einem Griff und einer Eingussrille. Falls solch ein Topf nicht vorhanden ist, können Sie auch Konservendosen benutzen.
Geben Sie die Gelmasse in das Gefäß und stellen Sie dieses ins kochende Wasserbad oder in den Backofen (100°C). Das Wachs schmilzt innerhalb von 20 - 40 Minuten.

Ist das Wachs völlig geschmolzen, geben Sie – wenn Sie das Material einfärben möchten – die Farbstoffe zu. Lassen Sie den Farbstoff erst etwas anschmelzen und rühren Sie dann die Masse vorsichtig mit einem angewärmten Löffel um. Wie Gelwachs eingefärbt wird, wird auf den Seiten 12 und 13 erklärt.

Das flüssige Material sollte unter Hitzezufuhr noch etwas ruhen, damit Luftblasen entweichen können. Die Glasgefäße, in die Sie das Wachs gießen möchten, können Sie zum Anwärmen mit in den Backofen stellen.

Duftstoffe werden erst kurz vor dem Gießen bei ausgeschaltetem Herd zugefügt. Bitte rühren Sie langsam und immer in eine Richtung um Luftblasen zu vermeiden.
Lassen Sie das Material nun ganz langsam abkühlen.

Wenn Sie leichte Teile, die nach oben schwimmen können, oder Wachsgegenstände eingießen möchten, sollten Sie wie folgt vorgehen:

1. Gießen Sie eine Schicht Gelwachs in das angewärmte Glas.

2. Sobald das Wachs geliert, drücken Sie die Einschlussobjekte in die Masse.

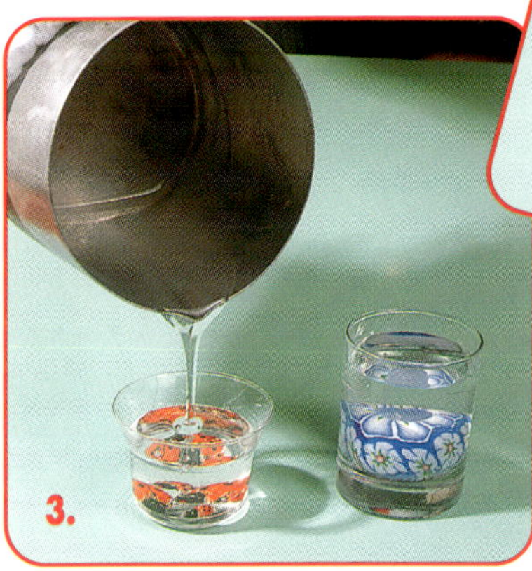

3. Lassen Sie die Gelschicht vollkommen erstarren und gießen Sie dann das Glas ganz auf.

EINSCHLÜSSE

(Abbildung Seite 8/9)

Wenn Sie Zierteile eingießen möchten, sollten Sie dafür nicht brennbare Materialien wie Glas oder Keramikteile wählen.
Kerzen mit einem Glimmereffekt lassen sich mit unbrennbarem Aluminiumflimmer oder Glaskügelchen (z. B. von Efco) herstellen.

Sehr dekorativ wirken auch getrocknete Früchte, Gewürze und Blumen. Diese Teile sollten jedoch nur im Randbereich des Glases oder am Boden der Kerze eingegossen werden. Im letzteren Fall endet der Docht dann über den Teilen.
Blumen erhalten ihr frisches Aussehen und bleiben elastisch, wenn sie in Trockensalz getrocknet werden. Legen Sie dazu die abgeschnittenen und ganz mit Trockensalz bedeckten

Blüten ca. 24 Stunden lang in ein luftdicht verschlossenes Gefäß.
Damit leichte Teile beim Auffüllen des Glases nicht hochschwimmen, gießen Sie zunächst etwa 2 cm hoch Gelwachs in das Gefäß. Nun werden die Teile in die gelierende Masse gedrückt. Füllen Sie das Glas erst dann ganz auf, nachdem das Wachs erstarrt ist.
Wollen Sie Teile in den Randbereich des Glases eingießen, halten Sie das Glas schräg und lassen das Gel an der Glaswand herunterträufeln. Dann werden die Teile in das Gel gedrückt und das Glas wird nach dem Erkalten des Wachses ganz aufgefüllt.
Glasgegenstände können Sie mit der Heißklebepistole am Boden des Gefäßes festkleben.

Achtung: Die Flamme darf nicht mit brennbaren Einschlüssen in Berührung kommen. Wie Sie dies vermeiden können, wird bei der Beschreibung der Dochte auf den Seiten 5 und 6 erklärt. Dennoch sollten Sie die Kerze auf keinem Fall unbeaufsichtigt abbrennen lassen.

TIPP: Am besten verwenden Sie uneingefärbtes oder ganz dezent eingefärbtes Wachs, damit die eingegossenen Objekte deutlich zu sehen sind.

IDEEN-POTPOURRI

DAS FÄRBEN VON GELWACHS

Im Fachhandel ist bereits eingefärbtes Gelwachs erhältlich. Durch die Zugabe von farblosem Gelwachs lassen sich Farbabstufungen erzielen. Verschiedene Farbtöne lassen sich auch mischen.

Wenn Sie größere Mengen an buntem Kerzen-Gel benötigen, ist es preisgünstiger die Masse selbst einzufärben. Hierfür werden im Handel verschiedene Farbstoffe angeboten. Es gibt beispielsweise ein spezielles Färbewachs, das nur dezent färbt. Damit erhalten Sie schöne helle Farbtöne.

Zudem findet man im Handel einen hochkonzentrierten Farbstoff in Blättchenform. Bei diesem sehr stark färbenden Stoff müssen Sie bei der Dosierung vorsichtig sein: Mit nur 10 Gramm Farbstoff können Sie 10 kg Wachs einfärben. Wenn Sie also nur eine kleine Menge, z. B. 200 g einfärben wollen, benötigen Sie nur 0,2 g Farbstoff. Solch eine Farbmenge lässt sich kaum abwiegen. Gehen Sie deshalb beim Gebrauch dieses starken Farbstoffes folgendermaßen vor:

Die Plättchen dieses hochkonzentrierten Farbstoffes bestehen aus verschieden großen Bruchstücken. Geben Sie zunächst nur ein kleines Stück in die geschmolzene Masse um die Färbekraft einschät-

zen zu können. Beachten Sie dabei, dass zu stark eingefärbtes Wachs an Transparenz verliert. Falls Sie wirklich einmal zuviel Farbstoff zugegeben haben, können Sie das Kerzen-Gel mit ungefärbtem Wachs verdünnen.
Pastelltöne erhalten Sie ebenfalls durch starkes Verdünnen.
Tabletten und Färbestäbchen zum Einfärben von Stearinkerzenwachs sind auch für das Färben von Gelwachs geeignet. Sie sind in vielen Farbnuancen erhältlich.

Färbevorgang:

Fügen Sie den Farbstoff dem vollständig geschmolzenen Gelwachs zu. Warten Sie zwei Minuten, bis die Farbpigmente geschmolzen sind und rühren Sie dann die Masse vorsichtig um. Stellen Sie den Topf mit dem Kerzen-Gel weitere 15 Minuten in das Wasserbad oder in den noch heißen Backofen, damit evtl. entstandene Luftblasen aufsteigen und entweichen können.

TIPP: Stellen Sie vor dem Gießen leere Konservendosen bereit, in die Sie die Reste des eingefärbten Wachses gießen. Solche Reste sind z. B. zum Herstellen von Mischtönen sehr nützlich.

FARBVERLÄUFE

Buntes Gelwachs wirkt besonders dekorativ, wenn es in Farbverläufen ins Glas gegossen wird.
Um zügig arbeiten zu können ist es sinnvoll die drei Grundfarben Rot, Blau und Gelb gleichzeitig einzuschmelzen. Stellen Sie dazu drei Töpfe oder Konservendosen in das Wasserbad oder in den Backofen (100°C). Sobald das Gel eingeschmolzen ist, gießen Sie die erste Farbe, z. B. Gelb,

in das Glas. Warten Sie so lange, bis die oberste Schicht geliert ist. Erst dann wird die nächste Farbe über den Rücken eines angewärmten Löffels in das Glas gegossen, damit sie nicht trichterförmig absackt und somit die darunterliegende Farbschicht zerstört.
Beachten Sie, dass beim Eingießen des heißen Wachses die darunter liegende Farbschicht an der Oberfläche immer etwas angeschmolzen wird. Dadurch erhalten Sie eine Mischfarbe am Übergang und somit einen harmonischen Farbverlauf.

DAS GIESSEN VON SCHICHTEN

(Abbildung Seite 14/15)

Wollen Sie einen ganz klar abgegrenzten Regenbogenverlauf erhalten, wird das farbige Wachs in Schichten gegossen.
Die entsprechenden Mischtöne sollten dafür bereit stehen. Sie benötigen die Farben Gelb, Grün, Blau, Lila, Rot und Orange. Wichtig ist, dass Sie die einzelnen Farbschichten komplett erstarren lassen, bevor Sie jeweils die nächste Farbe aufgießen.
Sie können auch schräge Schichten gießen. Bringen Sie dazu das Glas in eine schräge Lage und stützen Sie es mit einem 1 cm - 2 cm hohen Block ab, damit es fest steht. Nachdem die erste Schicht gehärtet ist, kippen Sie das Glas in die entgegengesetzte Richtung und gießen die nächste Farbe ein. Die letzte Schicht wird in die gerade stehende Form gegossen.

So können Sie gut bunte Gelwachsreste verarbeiten. Stellen Sie, wenn Sie bunte Kerzen gießen, immer ein zusätzliches Glas bereit, in das Sie die Reste gießen. So entsteht ganz nebenbei und ohne zusätzlichen Aufwand eine neu kreierte Kerze.

TIPPS: Interessant wirken farblose Schichten zwischen bunten Schichten, in die Sie auch Gegenstände gießen können.

Sie können beispielsweise Kerzensand zwischen die Gelschichten füllen (rechte Kerze, Seite 14/15; untere Kerze, Seite 23).

Dekorativ sind schräge Ebenen, die mit Glitter abgegrenzt werden. Damit der Glitter haftet, wird er erst, nachdem die Wachsoberfläche etwas geliert ist, eingestreut (zweite und dritte Kerze von rechts, Seite 14/15).

GETRÄNKECOCKTAILS UND EISWÜRFEL

(Abbildung Seite 18/19)

Mit entsprechend eingefärbtem Gelwachs und passenden Gläsern kann man täuschend echt wirkende Getränke herstellen, z. B. Sekt, Rot- und Weißwein sowie Bier.
Eine selbstgemachte „Cocktailkerze" ist ganz bestimmt eine nicht alltägliche Geschenkidee z. B. für den Partygastgeber. Dabei ist es gar nicht schwer diese Idee zu realisieren. Sie brauchen dazu klares Gel, eingefärbtes Gel, Gelwürfel und getrocknete oder kandierte Früchte.

Gelwürfel

Um Würfel herzustellen werden aus dem Gelwachs viereckige Blöcke gegossen. Als Form hierfür ist eine leere Milchtüte ideal.
Schneiden Sie die Milchtüte in einer Höhe von 10 cm ab und gießen Sie das geschmolzene gefärbte oder ungefärbte Gelwachs ein. Bevor Sie den Block herauslösen, sollte das Wachs gut durchgehärtet sein. Damit Sie ihn nicht beschädigen, wird die Tüte aufgeschnitten. Jetzt können Sie mit einem scharfen Messer die Würfel in der gewünschten Größe abschneiden.

So werden die Kerzen auf Seite 18/19 hergestellt:

Getränkecocktails mit Eiswürfeln

Stellen Sie die geschnittenen Würfel bereit. Das Glas wird nur zu 2/3 mit dem gefärbten Gel gefüllt. Warten Sie, bis das Gel etwas geliert und legen Sie dann die Würfel hinein.
Die beiden Cocktails mit kandierten Früchten werden folgendermaßen hergestellt:
Stellen Sie die geschmolzenen Würfel bereit. Füllen Sie zunächst etwas klares Gel ein und drücken Sie die Früchte in die gelierende Masse. Gießen Sie gefärbtes Gel darüber, bis das Glas zu 2/3 gefüllt ist. Warten Sie, bis das Gel etwas geliert, und legen Sie dann die Würfel hinein.

Bierkerze

Färben Sie klares Gel mit honigfarbenem Farbstoff. Das Gel wird in ein bereitgestelltes Bierglas bis ca. 4 cm unter den Rand eingegossen. Nach dem völligen Erkalten des Kerzen-Gels füllen Sie das Glas mit weißem Kerzensand auf.

Damit der Sand beim Transport nicht herausrieselt, stellen Sie das Glas kurz in den Backofen (80°C bis 100°C unter Aufsicht) und warten, bis die obere Schicht etwas anschmilzt.

Bunte Würfelkerze

(dritte von rechts)

Schichten Sie bunte Würfel in ein Glas und füllen Sie dann das Glas mit klarem Kerzen-Gel auf.

Kerze mit goldenen Würfeln

Schneiden Sie aus klarem Wachs Würfel und wenden Sie diese anschließend in Metallpulver. Die Würfel werden in ein Glas geschichtet, das mit klarem Gel aufgegossen wird.

TIPPS: Anregungen für viele weitere Kerzen finden Sie in Getränkecocktailbüchern.
Getrocknete Früchte erhalten Sie im Bastelladen, kandierte Früchte im Lebensmittelgeschäft.

AQUARIEN UND TERRARIEN

Mit Gelwachs kann man wunderschöne Aquarien und Terrarien herstellen. Dabei sieht das klare ungefärbte Kerzen-Gel am besten aus, da es die eingegossenen Objekte schön zur Geltung bringt. Es wirkt im Glas wie Wasser. Luftbläschen sind hier durchaus erwünscht und unterstreichen den Effekt. Um Luftblasen zu erhalten, lassen Sie das Gelwachs vor dem Einfüllen etwas abkühlen.

Einen dekorativen Meeresgrund können Sie mit Dekosand oder Kieselsteinen herstellen. Damit eventuelle Verschmutzungen nicht das Gel trüben, sollten Sie den Sand bzw. die Steine unbedingt waschen. Gießen Sie dann etwas Kerzen-Gel auf und drücken Sie die Dekoteile wie z. B. Glasfische, Keramikfrösche, Muscheln, Insekten, Reptilien usw. ein. Das Glas wird erst nach dem Erkalten aufgefüllt.

TIPP: Eine ausgefallene Idee für ein Geldgeschenk z. B. zum Geburtstag ist der „Schatz auf dem Meeresgrund" (im Bild ganz links). Hierfür werden Münzen und ein Schriftzug (z. B. „Happy birthday") am Glasrand eingegossen.

GELWACHS UND KERZENSAND

Gelwachs kann sehr effektvoll mit Kerzensand kombiniert werden. Der Kerzensand wird dabei einfach mit eingegossen.

Füllen Sie als Erstes Kerzensand in das Glas und gießen Sie Gel auf. Lassen Sie das Gel immer erst völlig abkühlen, bevor Sie eine neue Kerzensandschicht aufgießen.

Häufig schmilzt beim Eingießen von Kerzen-Gel die oberste Schicht des Kerzensands etwas an. Dadurch entsteht ein ansprechender pastellfarbiger Übergang.

Bei diesem Verfahren ist es wichtig, dass das gefüllte Glas nicht bewegt wird, bis die Masse völlig abgekühlt ist.

TIPP: Sie können das Gelwachs auch leicht einfärben und dann farblich passenden Kerzensand in mehreren Schichten dazwischen geben.

GELWACHS UND KLASSISCHES KERZENWACHS

Die Kombination von klassischen Wachsen mit Kerzen-Gel bietet interessante Gestaltungsmöglichkeiten.

Als Einschlüsse wirken z. B. ausgefallene Schwimmkerzen, die im Handel in großer Auswahl angeboten werden, sehr dekorativ.

Hierbei muss man allerdings die unterschiedlichen Schmelzpunkte der Wachse beachten: Normale Kerzenwachse schmelzen bereits bei ca. 60°C, während Kerzen-Gel erst bei 70°C - 90°C flüssig wird.

Um negative Überraschungen beim Gießen zu vermeiden sollten Sie folgendermaßen vorgehen:

Gießen Sie zunächst etwas Kerzen-Gel in das Glas, legen Sie die Schwimmkerze in die gelierende Masse und lassen Sie die Schicht völlig erstarren. Erst dann wird das Glas mit Gel vollgegossen (s. auch Seite 7).

Bewegen Sie das gefüllte Glas erst, wenn die Masse völlig abgekühlt ist. Wird das Gefäß vorher bewegt, steigt das angeschmolzene Wachs der Schwimmkerze hoch und zerstört die darüber liegende Gelschicht.

TIPP: Dekoartikel zum Eingießen erhalten Sie in Bastel- und Dekoläden sowie in Lebensmittelgeschäften.

Hier sehen Sie weitere Ideen für das Eingießen von getrockneten Früchten, kleinen Kerzen und anderen Dekoartikeln.

TOPP 2544

DM	9,80
EURO	5,01
ÖS	72,–
SFr	9,80

Gelwachs ist ein geleeartiges transparentes Wachs. Durch Erhitzen wird es flüssig und kann in verschiedene Gefäße oder selbstgemachte Formen gegossen werden. Dadurch eröffnen sich zahllose Möglichkeiten der Kerzengestaltung: Es können Objekte wie getrocknete Früchte, Muscheln, Flimmer oder Figuren eingegossen werden, Sie können das Gelwachs beduften, einfärben und wunderschöne Farbverläufe damit erzielen. So erhalten Sie originelle Einzelstücke mit Durchblick zum Verschenken oder zur Dekoration der eigenen Wohnung. Witzige Effekte durch das Eingießen von Büroklammern, Knöpfen, Süßigkeiten oder anderen Materialien werden nicht nur junge Leute begeistern!

ISBN 3-7724-2544-5

Band 18

Gartenzwerge

RICO DESIGN

Garden gnomes
Nains de jardin
Tuinkabouters

Michael Lindner & Aenn-Cl. Rehders

KLEINE STICKSCHULE & NÜTZLICHE TIPS
EMBROIDERY INSTRUCTIONS & HELPFUL TIPS
PETITES LECONS DE BRODERIE ET CONSEILS UTILES
BORDUURTECHNIEKEN EN NUTTIGE TIPS

D– 3-fädig sticken: Beachten Sie diesen Hinweis nicht, wird das Stickgarn nicht ausreichen. I Stickerei sollte in einem Stickrahmen ausgeführt werden.

GB– Embroider with 3 strands of thread. If you do not follow this instruction, you will not ha enough thread to complete your work. Use a hoop for embroidery.

F– Broder avec trois brins: si vous ne suivez pas cette recommandation, vous n'aurez pas ass de fil à broder. Il est conseillé de tendre l'ouvrage à broder sur un cadre.

NL– U borduurt met gesplitst garen n.l. 3 draadjes: Borduren in een borduurring is aan te be len, zeker bij voorgetekende motiefen.

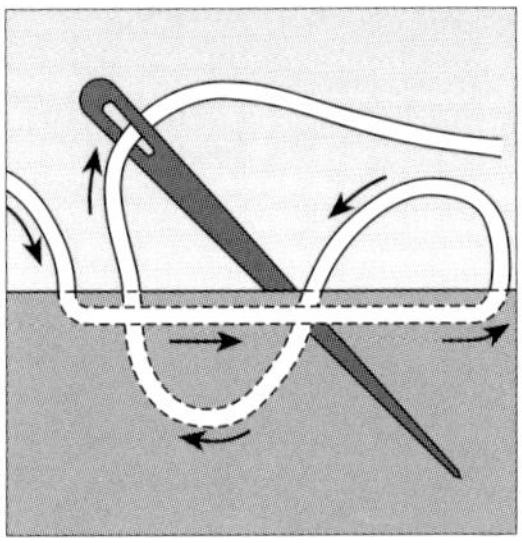

D– Der Befestigungsstich, der sich auch nach mehrmaligem Waschen nicht auflöst, sollte a Anfang und Ende eines Fadens benutzt werden. Immer durch den Stickfaden über ca. Gewebefäden hin und über jeweils einen zurück sticken.

GB– Cast on and off as illustrated, cutting off the surplus end once the stitch has been co pleted. This method is very secure and will ensure your embroidery remains intact, even if is washed regularly.

F– Ce point d'arrêt qui résiste même à plusieurs lavages se fait à la fin de chaque aiguillée

NL– Het vastzetten van het garen. Ook na meerdere keren wassen zal deze steek niet loslat

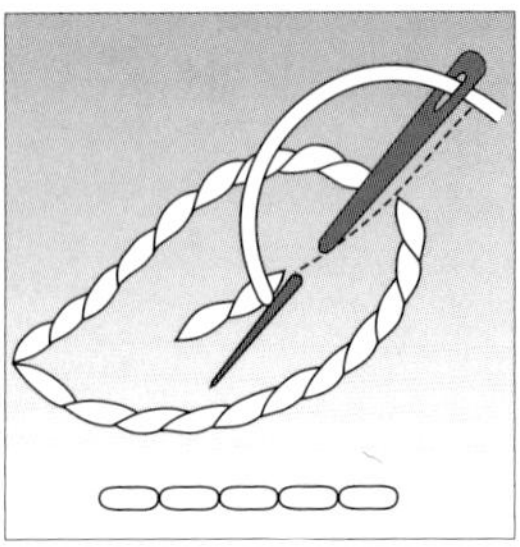

D– Stiel- bzw. Steppstich: Die Nadel wird von oben nach unten etwa 6 mm eingestochen u kommt auf halber Strecke wieder heraus. Hier beginnt der neue Stich, wobei der Rückstich je vom vorherigen Stich bestimmt wird (gleiches Loch). Auf der Unterseite des Stoffes ergibt s automatisch der Steppstich.

GB– Stem stitch and back stitch: Insert the needle on the right side of the fabric and mak stitch backwards, coming up about 6 mm behind the first point of insertion. Start the n stitch here, working it in the same way. A line of back stitch appears on the wrong side.

F– Point de tige, point de piqûre: piquer l' aiguille de haut en bas sur 6 mm environ, la fa ressortir en arrière à mi-distance. Ce point marque le début du prochain point, le point ar re dépendant du point précédent (même trou). Sur l'envers du tissu se dessine automatiq ment une ligne en points de piqûre.

NL– Steel- en stiksteek. De naald wordt van onderen naar boven op de voorgetekende lijn ir stoken en na ca. 6 mm weer ingestoken. Precies halverwege komt de naald weer tevoorsch Hier begint dan ook weer de nieuwe steek.

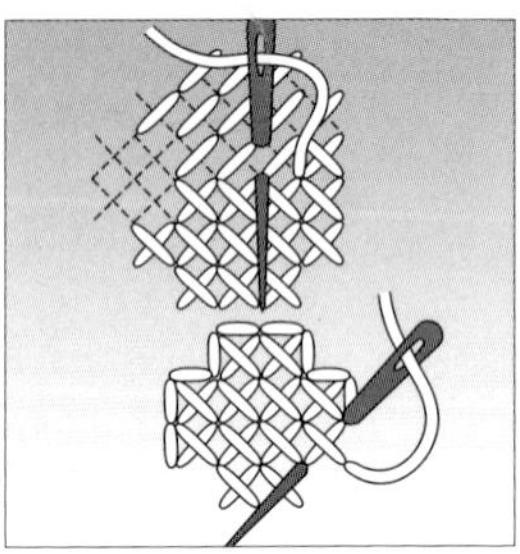

D– Der Kreuzstich besteht aus einem Unterstich und einem Deckstich, die kreuzweise übe ander gestickt werden. Wichtig ist, daß der Deckstich immer von links oben nach rechts unten l Auf der Rückseite zeigen die Stiche nur in eine Richtung.

GB– Cross stitch consists of a bottom stitch and a top stitch which are stitched cross-wise over e other. Ensure that all the top stitches lie in the same direction. On the wrong side the stitches point in one direction.

F– Le point de croix se compose d'un point de dessous et d'un point de dessus se superposan croix. Il est important que le point de dessus soit toujours orienté d'en haut à gauche vers le b droite. Sur l'envers, les points partent tous dans la même direction.

NL– De kruissteek van links onder naar rechts boven en vervolgens van rechts onder naar l boven teruggaand afwerken. Aan de achterzijde ziet U alleen rechte, verticale steken.